*Д-р Джей Рок Ли*

# Мой Отец Даст Вам Во Имя Моё

«...Истинно, истинно говорю вам: о чем ни попросите Отца во имя Мое, даст вам. Доныне вы ничего не просили во имя Мое; просите, и получите, чтобы радость ваша была совершенна».

(Евангелие от Иоанна, 16:23-24)

**Мой Отец Даст Вам Во Имя Моё** Автор – д-р Джей Рок Ли
Опубликовано издательством «Урим Букс».
(Представитель: Johnny H. Kim)
73, Yeouidaebang-ro 22-gil, Dongjak-gu, Seoul, Korea
www.urimbooks.com

Все права защищены. Книга, частично или полностью, не может быть воспроизведена ни в какой форме, сохранена в поисковой системе или передана каким-либо иным способом – электронным, механическим, фотокопированием и др., без предварительного письменного разрешения издателя.

Все использованные в этой книге цитаты из Священного Писания, если это не оговорено иначе, взяты из текста Библии в Синодальном переводе. Авторские права защищены © 1960, 1962, 1963, 1968, 1971, 1972, 1973, 1975, 1977, 1995 фондом Лакмана. Использовано с разрешения.

Авторские права перевода © 2015 принадлежат д-ру Эстер К. Чанг. Использовано с разрешения.
ISBN: 979-11-263-0655-8 03230

**Впервые опубликовано в ноябрь 2021 г.**

Ранее опубликовано на корейском языке издательством «Урим Букс» в 1990 г.

Редактор – д-р Гымсан Вин
Дизайн редакторского бюро издательства «Urim Books»
Отпечатано компанией «Yewon Printing»
Контактный адрес для получения большей информации: urimbook@hotmail.com

## Предисловие к изданию

*«...Истинно, истинно говорю вам: о чем ни попросите Отца во имя Мое, даст вам».*
(От Иоанна, 16:23)

Христианство – это вера, которая дает возможность людям встретиться с Живым Богом и познать Его дела через Иисуса Христа.

Бог есть Бог Всемогущий, создавший небо и землю и управляющий историей Вселенной так же, как и жизнью, смертью человека, его благословением и проклятием. Он отвечает на молитвы Своих детей и желает, чтобы мы жили благословенной жизнью, достойной детей Божьих.

Каждый, кто является истинным чадом Божьим, имеет власть, которая по праву принадлежит детям Божьим. Имея такую власть, человек должен жить жизнью, в которой все возможно, не знать ни в чем нужды и, радуясь полученным благословениям, не злиться и не завидовать другим. Имея жизнь с избытком, силу и успех, он должен своей жизнью прославлять Бога.

Для того чтобы наслаждаться благословенной жизнью, человеку необходимо тщательно изучить законы духовного мира, согласно которым он может получать от Бога ответы на свои молитвы и всё, о чем ни попросит во имя Иисуса Христа.

Эта книга составлена из прошлых посланий, обращенных ко всем верующим и особенно к тем, кто без колебаний верит во Всемогущего Бога и желает, чтобы их жизнь была наполнена Божьими ответами.

Пусть эта книга, *«Мой Отец Даст Вам Во Имя Моё»*, послужит путеводителем для читателей, желающих познать законы духовного мира и получить от Бога всё, о чем бы они ни попросили в молитве. Я молюсь об этом во имя Иисуса

Христа!

Я воздаю благодарность и славу Богу за возможность опубликовать книгу, которая несет Его бесценное Слово. Я выражаю также искреннюю признательность всем, кто без устали трудился над изданием этой книги.

## *Джей Рок Ли*

# Содержание

Предисловие к изданию

## Глава 1.

Как получить Божьи ответы · 1

## Глава 2.

Мы все равно должны просить Его · 15

## Глава 3.

Духовный закон, касающийся Божьих ответов · 25

## Глава 4.

Уничтожь стену греха · 37

## Глава 5.

Вы пожнете то, что посеяли · 49

## Глава 6.

Илия получает ответ от Бога посредством огня · 63

## Глава 7.

Исполнить желания вашего сердца · 73

# Глава 1.

## Как получить Божьи ответы

## 1-е послание Иоанна, 3:18-22

«Дети мои! станем любить не словом или языком, но делом и истиною. И вот, по чему узнаём, что мы от истины, и успокаиваем пред Ним сердца наши; ибо, если сердце наше осуждает нас, то [кольми паче Бог], потому что Бог больше сердца нашего и знает всё. Возлюбленные! если сердце наше не осуждает нас, то мы имеем дерзновение к Богу, и, чего ни попросим, получим от Него, потому что соблюдаем заповеди Его и делаем благоугодное пред Ним».

Одним из источников великой радости для детей Божьих является уверенность в том, что Всемогущий Бог жив и отвечает на их молитвы, и в том, что верующему все содействует ко благу. Люди, которые верят в это, молятся с усердием, чтобы получить от Бога все, о чем ни попросят в молитве, и в полной мере воздать Ему славу.

В 1-м послании Иоанна, 5:14, сказано: *«И вот какое дерзновение мы имеем к Нему, что, когда просим чего по воле Его, Он слушает нас»*. Этот стих напоминает нам, что если мы просим согласно Божьей воле, то имеем право получить от Него все. Каким бы черствым не было сердце родителя, он не даст сыну камень в ответ на просьбу о хлебе, и мать не даст ему змею, если он попросит рыбы. Разве Бог может не дать Своим детям благие дары в ответ на их просьбы?

В Евангелии от Матфея, 15:21-28, мы читаем о женщине Хананеянке, пришедшей к Иисусу. Она не только получила ответ на свою просьбу, но и исполнилось желание ее сердца. Ее дочь была одержима злым духом, и она просила Иисуса исцелить ее, потому что верила, что все возможно верующему. Как вы думаете, что сделал Иисус для этой язычницы, которая, не сдаваясь, неустанно умоляла его об исцелении дочери? В Евангелии от Иоанна, 16:23, мы читаем: *«И в тот день вы не спросите Меня ни о чем. Истинно, истинно говорю вам: о чем ни попросите Отца во имя Мое, даст вам»*. Увидев веру этой женщины,

Иисус немедленно исполнил ее просьбу: «*...о, женщина! велика вера твоя; да будет тебе по желанию твоему...*» (От Матфея, 15:28).

Как приятно и чудесно, когда Бог отвечает нам!

Если мы верим в Бога Живого, мы должны воздавать славу Ему как дети Божьи, получая все, о чем просим Его в молитве. Основываясь на этом отрывке из Евангелия, давайте рассмотрим, как именно мы можем получить ответ от Бога.

### Мы должны верить в Бога, Который обещает ответить нам

В Библии мы читаем, что Бог непременно ответит на наши молитвы и просьбы. И если мы не сомневаемся в этом обетовании, то можем с дерзновением молиться Богу и получать от Него ответы на все наши просьбы.

В Книге Чисел, 23:19, читаем: «*Бог не человек, чтоб Ему лгать, и не сын человеческий, чтоб Ему изменяться. Он ли скажет и не сделает? будет говорить и не исполнит?*» И также в Евангелии от Матфея, 7:7-8, написано: «*Просите, и дано будет вам; ищите, и найдете; стучите, и отворят вам; ибо всякий просящий получает, и ищущий находит, и стучащему отворят*».

В Библии есть множество мест, которые говорят о том, что Бог непременно услышит нас, если мы просим по воле Его. Вот лишь несколько таких примеров:

*«Потому говорю вам: всё, чего ни будете просить в молитве, верьте, что получите, – и будет вам»* (От Марка, 11:24).

*«Если пребудете во Мне и слова Мои в вас пребудут, то, чего ни пожелаете, просите, и будет вам»* (От Иоанна, 15:7).

*«И если чего попросите у Отца во имя Мое, то сделаю, да прославится Отец в Сыне»* (От Иоанна, 14:13).

*«И воззовете ко Мне, и пойдете, и помолитесь Мне, и Я услышу вас; и взыщете Меня, и найдете, если взыщете Меня всем сердцем вашим»* (Кн. пророка Иеремии, 29:12-13).

*«И призови Меня в день скорби; Я избавлю тебя, и ты прославишь Меня»* (Псалом, 49:15).

Подобные обетования Божьи мы вновь и вновь находим как в Ветхом, так и в Новом Завете. Но, даже если бы в Библии был всего один такой стих, то, основываясь на одном только этом стихе, мы все равно могли бы взывать в молитве к Богу, чтобы получить от Него ответ. Однако в Библии Бог многократно обещает ответить на наши просьбы, и мы должны верить, что Бог воистину Живой Бог, Который вчера, сегодня и вовеки Тот же (Посл. к Евреям, 13:8).

Кроме того, Библия рассказывает о многих благословенных мужчинах и женщинах, которые верили в Божье слово, просили и получали Его ответы. Мы должны подражать вере и сердцу таких людей и жить так, чтобы всегда получать Его ответ.

В Евангелии от Марка, 2:1-12, Иисус сказал расслабленному: *«...прощаются тебе грехи твои... Встань, возьми постель твою и иди в дом твой»*, и тот на глазах у всех встал, взял постель свою и пошел. Свидетели этого изумлялись и прславляли Бога.

В Евангелии от Матфея, 8:5-13, мы читаем о сотнике, который пришел к Иисусу просить о своем слуге, который лежал дома в расслаблении и жестоко страдал. Сотник обратился к Иисусу, говоря: *«...скажи только слово, и выздоровеет слуга мой»* (ст. 8). Мы знаем, что ответил ему Иисус: *«Иди, и, как ты веровал, да будет тебе»*. И в тот же час слуга был исцелен (ст. 13).

В Евангелии от Марка, 1:40-42, мы видим прокаженного, который пришел к Иисусу и, умоляя и падая на колени перед Ним, говорит: *«Если хочешь, можешь меня очистить»* (ст. 40). Иисус умилосердился над ним, протянул руку Свою и, коснувшись прокаженного, сказал: *«Хочу, очистись»* (ст. 41). И в тот же миг проказа оставила этого человека.

Бог дает людям то, о чем они просят во имя Иисуса Христа. Бог желает, чтобы все уверовали в Него – Бога, Который обещал отвечать на наши молитвы. Он хочет, чтобы мы молились с неизменным сердцем, не сдавались и стали благословенными детьми Божьими.

## Молитвы, на которые Бог не отвечает

Когда люди верят и молятся Богу по воле Божьей, живут по Слову Его и умирают, как умирает пшеничное зерно, тогда Бог, видя их сердце и преданность, отвечает на их просьбы. Так почему же некоторые из нас, хотя и молятся, не получают ответов на свои молитвы? В Библии мы читаем о многих людях, которые молились, но не получали ответов от Бога. Исследуя причины того, почему их молитвы оставались без ответа, мы должны научиться, как получать ответы на молитвы.

Во-первых, Бог не станет отвечать на наши молитвы, если мы скрываем грех в своем сердце. В Псалме, 65:18, мы читаем: *«Если бы я видел беззаконие в сердце моем, то не услышал бы меня Господь»*. И в Книге пророка Исаии, 59:1-2, есть напоминание нам: *«Вот, рука Господа не сократилась на то, чтобы спасать, и ухо Его не отяжелело для того, чтобы слышать. Но беззакония ваши произвели разделение между вами и Богом вашим, и грехи ваши отвращают лицо [Его] от вас, чтобы не слышать».* Дьявол перехватывает молитвы из-за нашего греха, и они просто сотрясают воздух, не доходя до Престола Божьего.

Во-вторых, Бог не станет нам отвечать, если мы пребываем во вражде с нашими братьями. Наш Небесный Отец не простит нам грехи до тех пор, пока мы не простим братьев в сердце своем (От Матфея, 18:35). Наша молитва не дойдет до Бога и останется неотвеченной.

В-третьих, Бог не станет отвечать, если мы просим об удовлетворении собственных вожделений. Если мы, пренебрегая славой Божьей, молимся, следуя желаниям нашей греховной природы, чтобы потратить все полученное от Бога на свои удовольствия, то Бог не станет отвечать на такую молитву (Посл. Иакова, 4:2-3). К примеру, никакой отец не откажет в небольшой денежной сумме своей послушной и прилежной в учебе дочери. Если же речь идет о непослушной дочери, которую мало заботит учеба, то отец не станет давать ей денег, беспокоясь, что она потратит их на какие-нибудь глупости. Так и Бог не станет отвечать на наши просьбы, если они преследуют недостойные цели или желание удовлетворить свою греховную природу. Бог видит, что мы можем пойти путем, который приведет нас к погибели.

В-четвертых, мы не должны молиться и просить за идолопоклонников (Кн. пророка Иеремии, 11:10-11). Бог больше всего ненавидит идолов, и потому мы можем только молиться о спасении душ тех, кто поклоняется им. Любое другое ходатайство за идолопоклонников останется безответным.

В-пятых, Бог не станет отвечать на молитвы, если в сердце есть сомнения. Чтобы получить ответ от Господа, мы должны твердо верить и не сомневаться (Посл. Иакова, 1:6-7). Я уверен, что многие из вас имеют свидетельства того, как по молитве верующих исцелялись безнадежно больные и разрешались самые сложные проблемы, когда люди просили Божьего вмешательства. Все это потому, что Бог сказал нам: *«Имейте веру Божию, ибо истинно говорю вам: если кто скажет горе сей: „поднимись и ввергнись в море", и не усомнится в сердце своем, но поверит, что сбудется по словам его, – будет ему, что ни скажет»* (От Марка, 11:23). Вы должны знать, что молитва, наполненная сомнениями, останется без ответа. И только молитва в соответствии с Божьей волей дает неоспоримое чувство уверенности.

В-шестых, Бог не ответит на наши молитвы, если мы не исполняем Его заповеди. Когда мы послушны Божьим заповедям, это радует Его, и тогда, говорит Библия, мы можем иметь дерзновение к Богу и получить то, о чем просим (1-е посл. Иоанна, 3:21-22). В Притче, 8:17, говорится: *«Любящих меня я люблю, и ищущие меня найдут меня»*. Те, кто исполняют заповеди, любя Бога, обязательно получат ответ на свои молитвы (1-е посл. Иоанна, 5:3).

В-седьмых, если мы сами не сеем, то не получим ответ от Бога. В Послании к Галатам, 6:7, написано: *«Не обманывайтесь: Бог поругаем не бывает. Что посеет человек, то и пожнет»*. Также во 2-м послании к Коринфянам, 9:6, говорится: *«При сем скажу: кто сеет скупо, тот скупо и пожнет; а кто сеет щедро, тот щедро и пожнет»*. Без сеяния не бывает жатвы. Если человек посеет молитву, то его душа будет преуспевать; если он посеет пожертвования, то обретет финансовое благополучие; а если посеет добрые дела, то будет благословлен хорошим здоровьем. Итак, чтобы получить ответ от Бога, вы должны сеять то, что хотели бы пожать.

Кроме того, если люди не молятся во имя Иисуса Христа или же молятся не от всего сердца, переливая из пустого в порожнее, то их молитва останется без ответа. Распри между супругами (1-е посл. Петра, 3:7) или неповиновение Божьей воле тоже оставят молитвы безответными.

Мы должны помнить, что все вышеперечисленное создает стену между Богом и нами; Бог отвращает Свое лицо от нас и не отвечает на наши молитвы. Итак, мы должны прежде всего искать Царства Божьего и правды Его, взывать к Богу в молитве о сокровенных желаниях наших и получать Его ответы, неизменно пребывая в твердой вере.

### Как получить ответ от Бога на свои молитвы

В самом начале жизни во Христе человек, в духовном смысле, подобен ребенку, поэтому Бог на просьбы такого человека отвечает сразу же. Человеку, который еще не познал всей истины, но прилагает хотя бы небольшие усилия, чтобы применять на практике то, что он уже знает из Писания, Бог отвечает, как если бы тот был младенцем, просящим молока, и направляет его ко встрече с Богом. Усердно изучая и стараясь постичь истину, человек вырастет из младенческого состояния. И если он будет следовать истине, то Бог ответит ему на молитвы. Если человек, перешагнув стадию духовного младенчества, продолжает грешить и не живет по Слову Божьему, он не может рассчитывать на Божий ответ. С этого момента ответы на его молитвы будут приходить по мере достижения им святости.

Итак, чтобы получить ответ от Бога, человек должен прежде всего покаяться, отвратиться от путей своих и жить в послушании Слову Божьему. Если покаявшийся человек пребывает в истине и обрезает свое сердце, он получит чудные Божьи благословения. У Иова вера сначала была на уровне знания, поэтому он роптал на Бога, когда страдания и испытания пришли в его жизнь. Позже, встретившись с Богом, Иов покаялся, очистил свое сердце, простил друзей и стал жить по Слову Божьему. В свою очередь, Бог вдвойне благословил Иова, дав ему вдвое больше того, что он имел прежде (Кн. Иова, 42:5-10).

Иона из-за непослушания Богу оказался во чреве кита, но, покаявшись и вознеся хвалу Богу с верой, он, по повелению Божьему, был извергнут китом на сушу (Кн. пророка Ионы, 2:1-11).

Когда мы отвращаемся от греха, каемся и живем по воле Отца, верим, взывая к Нему, дьявол не может приблизиться к нам ни с какой стороны. Тогда, вполне естественно, пройдут болезни, решатся проблемы с детьми и закончатся финансовые трудности. Муж, который притеснял жену за веру, подобреет и будет ласковым супругом; мирная семья станет приятным благоуханием Христовым и воздаст славу Богу.

Если мы отвратились от греха, покаялись и получили ответ от Бога, мы должны также воздать хвалу Ему и засвидетельствовать о нашей радости. Прославляя Бога через наше свидетельство, мы не только угождаем Богу, но и располагаем Его и в дальнейшем отвечать на наши просьбы.

Представим себе, что мать сделала сыну подарок, а тот

даже не поблагодарил ее за это. В следующий раз мать вряд ли захочет дарить ему что-нибудь ещё. Однако, если сын оценит подарок и выразит свою благодарность матери, она будет счастлива и захочет дать сыну еще больше подарков. Так же и Бог благословит нас еще больше, если мы будем славить Его, помня, что Бог Отец радуется, когда дети Его получают просимое. Он всегда готов одарить нас дарами благими, когда мы свидетельствуем о Его делах.

Давайте, все мы будем просить согласно воле Божьей, показывая Ему нашу веру и преданность, и получать от Него то, о чем просим. Показывать Богу свою веру и преданность покажется кому-то не простой задачей. Однако только так мы сможем наполнить свою жизнь благодарностью и радостью, отвратиться от тяжких грехов, враждебных истине, устремить свой взор к вечным Небесам, получить ответы на свои молитвы и скопить Небесные награды. Кроме того, наша жизнь будет истинно благословенной, ведь страдания и испытания покинут нас, и мы обретем истинный покой под Его водительством и защитой.

Пусть каждый из вас с верой просит Бога об исполнении своих желаний, усердно молится и противостоит греху, повинуясь Слову Божьему, чтобы вы могли получить ответ на все, о чем ни попросите, и воздать великую славу Богу. Я молюсь об этом во имя Иисуса Христа!

# Глава 2.

## Мы все равно должны просить Его

## Кн. пророка Иезекииля, 36:31-37

«Тогда вспомните о злых путях ваших и недобрых делах ваших и почувствуете отвращение к самим себе за беззакония ваши и за мерзости ваши. Не ради вас Я сделаю это, говорит ГОСПОДЬ Бог, да будет вам известно. Краснейте и стыдитесь путей ваших, дом Израилев. Так говорит ГОСПОДЬ Бог: в тот день, когда очищу вас от всех беззаконий ваших и населю города, и обстроены будут развалины, и опустошенная земля будет возделываема, быв пустынею в глазах всякого мимоходящего, тогда скажут: „эта опустелая земля сделалась как сад Едемский; и эти развалившиеся, и опустелые, и разоренные города укреплены и населены". И узнают народы, которые останутся вокруг вас, что Я, ГОСПОДЬ, вновь созидаю разрушенное, засаждаю опустелое. Я, ГОСПОДЬ, сказал – и сделал. Так говорит ГОСПОДЬ Бог: вот, еще и в том явлю милость Мою дому Израилеву, умножу их людьми как стадо».

Бог, Который вчера, сегодня и вовеки Тот же (Посл. к Евреям, 13:8), через шестьдесят шесть книг Библии подтверждает, что Он Живой и Он действует. Тем, кто верил в Его слово и следовал ему и в период Ветхого Завета, и во времена Нового Завета, и по сей день, Бог демонстрировал свидетельства Своих деяний.

Бог – Создатель всего во Вселенной, в Его руках жизнь и смерть, благословения и проклятия. Он обещал благословить нас (Второзаконие, 28:5-6), если мы будем исполнять все заповеди, данные в Библии. И если мы истинно верим в Бога, то есть ли такая нужда, которую Бог не восполнил бы? В Книге Чисел, 23:19, мы читаем: *«Бог не человек, чтоб Ему лгать, и не сын человеческий, чтоб Ему изменяться. Он ли скажет и не сделает? будет говорить и не исполнит?»* Разве Он не исполняет Своих обещаний? Более того, в Евангелии от Иоанна, 16:23, Иисус говорит: *«...Истинно, истинно говорю вам: о чем ни попросите Отца во имя Мое, даст вам».*

Это естественно, когда дети Божьи получают от Бога всё, о чем ни попросят, и прославляют Небесного Отца. Отчего же многие христиане живут иначе? Основываясь на процитированном выше стихе, давайте разберемся, как мы можем всегда получать ответы от Бога.

## Бог скажет и сделает, но мы все равно должны просить Его

Будучи избранным народом Божьим, Израильтяне получили множество благословений. Бог обещал возвысить их над всеми народами, даровать им победу над врагами и благословить на всех путях их, если только они будут исполнять Слово Божье (Второзаконие, 28:1, 7, 8). Пока они жили по Слову Божьему, у них не было недостатка в благословениях; как только они отвращались от праведного пути и поклонялись идолам, Бог в гневе Своем допускал, чтобы завоеватели нападали и разрушали их землю.

Во времена пророка Иезекииля Бог сказал Израильтянам, что вернет их в землю свою, чтобы они могли восстановить разрушенные города, если народ покается и отвратится от греха. Бог ясно возвестил: «*...Я, Господь, сказал – и сделал. Так говорит Господь Бог: вот, еще и в том явлю милость Мою дому Израилеву...*» (Кн. пророка Иезекииля, 36:36-37).

Почему Бог потребовал, чтобы Израильтяне просили Его о милости, хотя Он обещал освободить их?

Бог знает о нашей нужде ещё до того, как мы попросим о ней (От Матфея, 6:8), тем не менее, Он говорит нам: «*Просите, и дано будет вам ...ибо всякий просящий получает ... тем более Отец ваш Небесный даст блага просящим у Него»* (От Матфея, 7:7-11).

Во многих местах Библии Бог говорит, что мы должны воззвать к Богу, прежде чем получим ответ от Него (Кн. пророка Иеремии, 33:3; От Иоанна, 14:14). Дети Божьи, имеющие веру в Бога, должны просить Его о своей нужде, хотя Бог и знает, о чем мы просим.

С одной стороны, если Бог обещает что-то исполнить и мы верим Его слову, то всегда получим ответ на свои прошения. С другой стороны, если мы сомневаемся, испытываем Бога, забываем благодарить Его, жалуемся в период трудностей и испытаний, не верим Его обещаниям, то наши молитвы останутся без ответа. Хотя Бог и обещает дать блага просящим у Него, у Него есть условие, что мы твердо держимся Его обетования как в молитвах, так и в своих делах. Кто не просит Бога, а просто надеется, что все получит, тот не имеет веры. Наши молитвы останутся без ответа, если они не подкреплены делами.

## Мы должны просить у Бога, чтобы получить от Него ответ

**Прежде всего вы должны молиться об устранении той стены, которая стоит между вами и Богом.**

Когда после падения Иерусалима Даниил находился в Вавилонском плену, он нашел в Книге пророка Иеремии пророчество о том, что запустение Иерусалима продлится семьдесят лет. И в течение этих семидесяти лет Израиль будет служить царю Вавилонскому. Но по истечении семидесяти лет, царство Вавилонское и вся земля Халдейская будут прокляты за свои грехи и навеки пребудут в запустении.

Пророчество Иеремии о том, что после семидесятилетнего плена Израильтяне обретут свободу и вернутся на свою землю, обрадовало и утешило Даниила. Тем не менее Даниил не стал делиться этой радостью со своими единоплеменниками. Вместо этого он посыпал голову пеплом, разодрал одежды и стал поститься, умоляя Бога об освобождении. Он покаялся как в своих грехах, так и в грехах всех Израильтян, во всех их беззакониях, их ропоте, в том, что они забыли Божьи заповеди (Кн.пророка Даниила, 9:3-19).

Через пророка Иеремию Бог пообещал, что время пленения закончится через семьдесят лет, но не сказал, как именно это произойдет. Даниил, зная духовные законы, понимал, что, прежде чем Бог исполнит Свое обетование, необходимо, чтобы была разрушена стена, отделяющая Израиль от Бога. Таким образом Даниил на деле доказал свою веру. Даниил постился и каялся в грехах как от своего имени, так и от имени всего Израиля, который из-за непослушания навлек на себя проклятие Божье. Бог услышал Даниила, разрушил стену между ними и Собой и ответил Даниилу, дав Израильтянам пророчество о «семидесяти седьминах» и открыв Даниилу иные тайны.

Будучи детьми Божьими и зная волю Божью, мы должны

понимать, что, прежде чем мы сможем получить ответ от Бога, нам следует уничтожить стену греха, отделяющую нас от Бога.

**Кроме того, мы должны молиться в вере и послушании.**

В Книге Исхода, 3:6-8, мы читаем об обетованиях Божьих, данных народу Израильскому, который в то время был в египетском рабстве. Бог обещал вывести народ из Египта в землю Ханаанскую, где «течет молоко и мед». Ханаан – это земля, которую Бог обещал дать Израильтянам во владение (Исход, 6:8). Он клятвенно обещал отдать эту землю им и потомкам их и повелел отправляться в путь (Исход, 33:1-3). В земле обетованной Бог повелел Израилю уничтожить всех идолов, и запретил им заключать союз с живущими там народами и их богами, чтобы не было преграды между Ним и Израилем. Таково было обетование Божье, Того, Кто всегда исполняет Свои обещания. Так почему же Израильтяне не смогли войти в Ханаан?

В своем неверии народ Израильский возроптал на Бога (Числа, 14:1-3), ослушался Его, и потому не смог войти в землю Ханаанскую, хотя уже и стоял на ее пороге (Числа, 14:21-23; Посл. к Евреям, 3:18-19). Вкратце, Божье обетование о земле Ханаанской могло исполниться только тогда, когда народ Израильский проявит послушание Богу. Бог исполнил бы Свое обещание сразу, если бы народ поверил Ему. В конце концов в землю Ханаанскую смогли войти только Иисус Навин и Халев, которые поверили Богу, а также потомки тех Израильтян, которые вышли из Египта (Кн. Иисуса Навина, 14:6-12). Будем же помнить на примере Израиля, что мы сможем получить ответ от Бога, только если с верой и смирением попросим Его об этом в молитве.

Несмотря на то, что Моисей конечно же верил, что Бог исполнит Свое обещание и даст народу землю Ханаанскую, даже он, из-за неверия народа, не смог войти в землю обетованную. Иногда Бог действует по вере одного человека, в иных случаях необходима вера всего народа. В этом случае Богу недостаточно было веры одного Моисея, Ему нужна была вера всех Израильтян, чтобы они могли войти в Ханаан. Не найдя такой веры в Израиле, Он не позволил им войти в землю обетованную. Будем помнить, что когда требуется вера всего народа Божьего, каждый из нас должен молиться с верой и смирением, чтобы единым сердцем приготовить себя к получению ответа от Бога.

Когда женщина, страдавшая кровотечением двенадцать лет, коснувшись плаща Иисуса, исцелилась, Христос спросил: *«Кто прикоснулся к Моей одежде?»* И тогда женщина засвидетельствовала о своем исцелении перед всем народом (От Марка, 5:25-34).

Если человек открыто свидетельствует о том, что сделал с ним Господь, он тем самым помогает и другим возрастать в вере, укрепляться и преображаться в образ человека, который с молитвой ожидает ответа от Бога. Поистине прекрасный путь прославить Бога – это принимать благословения верой, укреплять в вере неверующих и познавать Живого Бога.

Веруя и покоряясь Слову Божьему, данному в Библии, мы должны помнить, что Бог ожидает наших молитвенных просьб: «Просите, и дано будет вам». Давайте всегда получать Его ответы, становясь Божьими детьми и славя Его от всего сердца.

# Глава 3.

## Духовный закон, касающийся Божьих ответов

### Евангелие от Луки, 22:39-46

«И, выйдя, [Иисус] пошел по обыкновению на гору Елеонскую, за Ним последовали и ученики Его. Придя же на место, сказал им: молитесь, чтобы не впасть в искушение. И Сам отошел от них на вержение камня, и, преклонив колени, молился, говоря: Отче! о, если бы Ты благоволил пронести чашу сию мимо Меня! впрочем, не Моя воля, но Твоя да будет. Явился же Ему Ангел с небес и укреплял Его. И, находясь в борении, прилежнее молился, и был пот Его, как капли крови, падающие на землю. Встав от молитвы, Он пришел к ученикам, и нашел их спящими от печали, и сказал им: что вы спите? встаньте и молитесь, чтобы не впасть в искушение».

Дети Божьи, получившие спасение, имеют право с верой просить Бога исполнить их желания. Поэтому мы читаем в Евангелии от Матфея, 21:22: *«И всё, чего ни попросите в молитве с верою, получите»*.

Тем не менее, многие люди удивляются, почему Бог не исполняет их просьбы, и даже сомневаются в том, что Бог слышит их молитвы.

Подобно тому, как мы тщательно изучаем маршрут нашего путешествия, чтобы благополучно добраться до места назначения, мы должны тщательно изучить методы правильной молитвы, чтобы получить ответ от Бога. Молитва, сама по себе, ещё не гарантирует, что Бог ответит. Мы прежде всего должны познать законы духовной сферы и молиться в соответствии с ними.

Давайте исследуем в ракурсе семи духов Божьих, в чем же состоят духовные законы, имеющие отношение к нашим молитвам.

## Закон духовного мира, касающийся Божьих ответов

В молитве мы просим Всемогущего Бога исполнить наши желания и восполнить наши нужды. Ответ на молитву будет получен только при условии, что мы молимся в соответствии с законами духовного мира. Сколько бы усилий человек ни прилагал, каким бы образованным или знаменитым он ни был, к каким бы методам ни обращался, ничто не поможет ему получить Божий ответ.

Потому что Бог есть Судья праведный (Псалом, 7:12), Он слышит наши молитвы и отвечает на них, требуя взамен определенного воздаяния. В пример мы можем привести то, как мы покупаем мясо. Бог, подобно продавцу мяса, взвешивает на Своих весах, согласно законам духовной сферы, достоин ли человек получить ответ на свою молитву.

Представим себе, что вы пришли к мяснику, чтобы купить два фунта мяса. Сделав заказ, вы ждете, пока мясник взвесит кусок мяса и решит, достаточен ли этот кусок по весу. Если кусок мяса весит два фунта, мясник получает соответствующую плату, заворачивает мясо и отдает покупателю.

Так и Бог должен получить что-то от нас взамен на то, что Он отвечает на наши молитвы. В этом состоит закон духовного мира.

Бог, слыша наши молитвы, принимает от нас некий равноценный дар и затем отвечает нам. И если кто-то до сих пор не получил ответа на свое прошение, то это значит, что он до сих пор не дал Богу соответствующего воздаяния. Размер воздаяния зависит от сути просьбы, и поэтому человек, продолжая молиться, должен увеличивать объем своей веры до тех пор, пока не получит ответ от Бога. Мы не можем знать, что именно хочет получить от нас Бог. Однако, прислушиваясь к голосу Святого Духа, мы должны понять, что некоторые просьбы требуют строгого поста, всенощной молитвы, молитвы со слезами или жертвы благодарения.

Все это является необходимым накоплением для получения ответа на нашу молитву. И Бог дарует нам по вере нашей всё, о чем мы просим, и благословит нас Своим ответом.

Даже если двое определят время и дадут обет регулярно молиться, может случиться так, что один из них сразу же получит ответ на свою просьбу, а молитва другого останется без ответа. Какое объяснение мы можем дать в таком случае?

Бог обладает мудростью, и потому заранее видит сердце человека. Если Он видит, что человек действительно готов молиться до тех пор, пока не получит ответ, Бог может сразу ответить ему. Но если молитва человека осталась без ответа, это означает, что он не до конца отдал Богу то, что Ему причитается. Если мы даем обет молиться в течение какого-то времени, мы должны понимать, что Бог ожидает, что мы принесем Ему полную меру своей молитвы. Если количество наших молитв будет недостаточным, Бог не станет нам отвечать.

К примеру, человек молится о своей будущей жене, и Бог готовит для него подходящую невесту, содействуя ко благу этого человека. Впрочем, это ещё не означает, что невеста просто появится перед ним только потому, что человек помолился об этом, но сам при этом ещё не достиг определенного возраста. Бог отвечает тем, кто верит, что молитва не останется без ответа, и Он являет Свою волю в нужное время. Вместе с тем, если человек молится не по воле Божьей, то, сколько бы он ни молился, ответа не получит. Если тот же человек, который молится о невесте, начнет ставить условия и настаивать, чтобы невеста была с определенными образованием, внешностью и приданным, то такая молитва останется неотвеченной, потому что она мотивирована эгоистическими желаниями.

Даже если двое молятся об одном и том же, Бог по-разному будет отвечать на их просьбы, потому что у них разный уровень освящения и веры (Откровение, 5:8). Кто-то может получить ответ от Бога через месяц, а кто-то и через несколько дней.

Более того, чем значимее наша просьба к Богу, тем больше мы должны молиться о ней. Согласно закону духовного мира, большой сосуд будет испытан в великих делах, а малый сосуд будет испытан в малом, но и его Бог сможет использовать в Своих целях. Поэтому никто не должен осуждать другого, говоря: «Посмотри, сколько трудностей у него в жизни, несмотря на всю его верность». Этим мы разочаровываем Бога. Среди отцов веры был Моисей, который проходил испытание в течение 40 лет, и был Иаков, испытания которого длились 20 лет. И мы знаем, что оба они стали добрыми сосудами в глазах Божьих, и после всех испытаний Бог смог использовать их в Своих планах. Это можно сравнить с тем, как формируется национальная команда по футболу. Игрок, отобранный для участия в соревнованиях, может представлять свою страну только после долгих тренировок.

О чем бы мы ни просили Бога, о большом или малом, мы должны затронуть Его сердце, прежде чем получим ответ. Бог проявит милость и ответит нам, если мы будем надлежащим образом молиться, очистим наши сердца от греха, отделяющего нас от Него, воздадим благодарность и принесем Ему пожертвования как знак нашей твердой веры.

## Взаимоотношения между законом духовного мира и семью духами Божьими

Выше, с помощью метафоры о мяснике и его весах, мы узнали, как, по законам духовного мира, Бог измеряет меру молитвы каждого человека и определяет, достаточное ли количество молитв принес каждый человек. Большинство людей выносят суждения на основании того, что видят, Бог же с точностью определяет меру молитвы с помощью семи духов Божьих (Откровение, 5:6). Иными словами, Бог отвечает на просьбу человека только тогда, когда семь духов Божьих изрекут, что этот человек достоин ответа от Бога.

Что именно измеряют семь духов Божьих?

**Во-первых, семь духов измеряют меру веры.**
Вера может быть духовной и может быть плотской. Семь духов измеряют не плотскую веру, основанную на знании, а живую духовную веру, которая проявляет себя в определенных делах (Посл. Иакова, 2:22). К примеру, в Евангелии от Марка мы видим отца, чей сын был одержим бесами, которые лишили его дара речи перед Иисусом

(От Марка, 9:17). Отец сказал Иисусу: *«Верую, Господи! помоги моему неверию»*. Тем самым отец признал, что вера его была плотской, и, говоря *«помоги моему неверию»*, попросил о вере духовной. Иисус тотчас ответил на просьбу отца и исцелил мальчика (От Марка, 9:18-27).

Невозможно угодить Богу без веры (Посл. к Евреям, 11:6). Если же веры достаточно, чтобы угодить Богу, то желания нашего сердца непременно исполнятся. Поэтому, если мы не получаем ответа от Бога, несмотря на Его обетования дать нам по вере нашей, это означает, что вера наша ещё не стала совершенной.

**Во-вторых, семь духов измеряют меру радости.**

В 1-м послании к Фессалоникийцам, 5:16, апостол Павел говорит нам всегда радоваться, ибо такова воля Божья. Однако вместо радости во время испытаний многие христиане сегодня испытывают беспокойство, страх и переживания. Истинно веря в Живого Бога, они смогут всегда радоваться, вне зависимости от обстоятельств. Они будут радоваться, искренне возлагая свои надежды на Вечное Царство Небесное, а не на этот быстротечный мир.

**В-третьих, семь духов измеряют меру нашей молитвы.**

Бог говорит, чтобы мы непрестанно молились (1-е посл. к Фессалоникийцам, 5:17), и обещает ответить на наши просьбы (От Матфея, 7:7). Понятно, что мы с верой должны ожидать того, о чем просим. Бог ждет, что мы будем постоянны в нашей молитве (От Луки, 22:39-40), что мы будем преклонять колени, чтобы молиться по воле Божьей. С таким отношением и с таким настроем мы будем взывать к Богу от всего сердца, и наша молитва станет молитвой веры и любви. Бог испытывает такую молитву. Мы не должны молиться только тогда, когда хотим что-то получить или мы чем-то огорчены, но всегда наша молитва должна соответствовать воле Божьей (От Луки, 22:39-41).

**В-четвёртых, семь духов измеряют степень благодарности человека.**

Бог повелел нам за всё благодарить (1-е посл. к Фессалоникийцам, 5:18), и каждый верующий человек должен от всего сердца воздавать благодарность Богу. Как нам не благодарить Его, когда Он спас нас от погибели и привёл на путь, ведущий к вечной жизни? Мы должны благодарить Бога за то, что Он приходит к ищущим Его и отвечает просящим у Него. И даже если в этой короткой жизни мы встречаемся с трудностями, мы всё равно должны быть благодарны Богу за надежду на вечную жизнь на Небесах.

**В-пятых, семь духов измеряют, насколько мы исполняем заповеди Божьи.**

В 1-м послании Иоанна, 5:2, читаем: *«Что мы любим детей Божиих, узнаём из того, когда любим Бога и соблюдаем заповеди Его»*; и здесь же сказано, что заповеди Его не тяжки (1-м послании Иоанна, 5:3). Постоянная коленопреклоненная молитва исходит из любви человека, наполненного верой. В вере и любви к Богу, он будет молиться по Слову Его.

Многие жалуются, что Бог не отвечает на их молитвы, в то время как сами делают совершенно противоположное тому, чему учит Библия. Мы должны верить каждому слову в Библии и повиноваться ему. От тех, кто отходит от Слова Божьего, кто оценивает происходящее, опираясь на собственные мысли и теории, и рассчитывает на себя самих, Бог отворачивает Свое лицо и не отвечает на их молитвы. Представим себе, что вы договорились с другом встретиться в Нью-Йорке на вокзале, но позже передумали и стали ждать его на автобусной остановке. Сколько бы вы не ждали, вы никогда не встретитесь с ним. То же самое и с Богом: если Он повелел вам идти на восток, а вы отправились на запад, то вы ослушались Его. Трагично и печально наблюдать такую веру во многих христианах. У них нет веры, нет любви к Богу. Если мы говорим, что любим Бога, то для нас естественно соблюдать Его заповеди (От Иоанна, 14:15; 1-е посл. Иоанна, 5:3).

Любовь к Богу подвигнет вас на ещё более усердную и постоянную молитву. А это, в свою очередь, принесет плоды для спасения душ и евангелизации, для утверждения Божьего Царства и праведности Его. Если ваша душа будет преуспевать, то вы получите ещё большую молитвенную силу. Получая ответ на молитвы и славя Бога, вы соберете себе сокровища на Небесах, будете благодарить

Бога и не ослабеете. Что ж, если мы верим в Бога, то, вполне естественно, будем исполнять Десять Заповедей, в которых заключена суть всех шестидесяти шести книг Библии.

**В-шестых, семь духов измеряют нашу верность.**

Бог хочет, чтобы мы были верными во всем доме Его, а не только в чем-то одном. В 1-м послании к Коринфянам, 4:2, сказано: *«От домостроителей же требуется, чтобы каждый оказался верным»*. Поэтому каждый из нас, имея повеление от Бога, должен молить Его о крепости, чтобы остаться верным во всех делах наших, в отношениях со всеми людьми. Вдобавок, мы должны просить о верности, чтобы, чем бы мы ни занимались дома или на работе, мы делали это в истине.

**В-седьмых, семь духов измеряют меру нашей любви.**

Даже если мы исполнили все шесть условий, о которых говорилось выше, мы всего лишь «кимвалы звучащие», если не имеем любви. Любовь превыше веры и надежды. Иисус исполнил весь закон с любовью (Посл. к Римлянам, 13:10), и нам, детям Его, надлежит нелицемерно любить друг друга.

Чтобы получить ответ от Бога на свою просьбу, прежде всего мы должны соответствовать стандартам измерений семи духов. Значит ли это, что новообращенные, не знающие всей полноты истины, не получат ответ от Бога?

Предположим, что малыш может чисто произнести только слово «мама». Его родители будут счастливы и дадут ему всё, что он захочет.

Точно так же, учитывая разные уровни веры, семь духов будут оценивать каждого и соответственно отвечать. Даже малая вера молодого верующего обрадует Бога, и Он ответит ему. Бог с радостью отвечает и верующим, находящимся на втором или третьем уровнях, если они проявляют достаточно веры. Верующие, достигшие четвертого или пятого уровней веры, живут по воле Божьей и молятся ещё более усердно, потому семь духов дают им высшую оценку, и Бог сразу же отвечает на их молитвы.

В целом, чем выше уровень веры человека и чем больше он узнает о законах духовного мира и живет по ним, тем быстрее он получает ответ от Бога. В то же время, почему к новообращенным ответ от Бога часто приходит мгновенно? Когда молодой верующий получает благодать от Бога, он исполняется Святым Духом, и в глазах семи духов становится достойным того, чтобы его молитвы были услышаны.

Однако, по мере углубления познаний истины, человек может растерять свою первую любовь, его огонь угасает, и появляются первые признаки духовного охлаждения.

Ревнуя о Боге, будем же достойны оценки семи духов Божьих, постоянно пребывая в истине, чтобы Отец наш Небесный ответил на все наши молитвы и жизнь наша наполнилась благословениями и славой Божьей.

# Глава 4.

## Уничтожь стену греха

### Книга пророка Исаии, 59:1-2

*«Вот, рука ГОСПОДА не сократилась на то, чтобы спасать, и ухо Его не отяжелело для того, чтобы слышать. Но беззакония ваши произвели разделение между вами и Богом вашим, и грехи ваши отвращают лицо [Его] от вас, чтобы не слышать».*

В Евангелии от Матфея, 7:7-8, Бог говорит Своим детям: «*Просите, и дано будет вам; ищите, и найдете; стучите, и отворят вам; ибо всякий просящий получает, и ищущий находит, и стучащему отворят*» – и обещает ответить на их просьбы. Тем не менее, отчего же многие люди не получают ответы, несмотря на это обетование?

Бог не отвечает на молитвы грешников. Он отворачивает Свое лицо от них. Он также не может ответить на молитвы людей, которые воздвигли стену греха между собой и Богом. Поэтому, для того чтобы здравствовать и преуспевать во всем, как преуспевает наша душа, в первую очередь нужно уничтожить стену греха, блокирующую наш путь к Богу.

Ниже мы рассмотрим те факторы, которые способствуют созданию стены греха. Я призываю каждого из вас стать дитем Божьим и покаяться, если между вами и Богом стоит стена греха. И тогда вы сможете получить от Бога все, о чем ни попросите в молитве, и прославить имя Его.

## Разрушьте стену греха и неверия в Бога и покайтесь в том, что не принимали Господа как своего Спасителя

Библия говорит нам о том, что, кто не верует в Господа, тот грешит (От Иоанна, 16:9). Многие думают, что не имеют греха, так как ведут праведную жизнь. Думать так

– значит проявлять духовное невежество, не понимая истинной природы греха. Не имея Слова Божьего в своем сердце, такие люди не могут отличить истины от неправды. Не зная праведности, они живут по меркам этого мира, и потому искренне считают себя хорошими людьми. Не имеет значения, какими бы хорошими людьми мы ни казались себе, приняв Иисуса Христа, мы увидим, насколько порочной была наша жизнь, если оценивать ее в свете Божьего слова. Потому что мы начинаем понимать, что, не веря в Бога и отвергая Христа, мы совершали тяжелейший из грехов. Бог берет на Себя обязательство отвечать на молитвы тех, кто принял Иисуса Христа; и дети Божьи имеют право на Его ответ согласно обетованию Божьему.

Но все же многие дети Божьи, принявшие Иисуса Христа как своего Спасителя, не могут получить ответа на молитву, так как их отделяет от Него стена греха и зла – стена, которую они даже не замечают. Поэтому, несмотря на их строгий пост или усердную всенощную молитву, Бог отворачивает от них Свое лицо, и их молитва остается без ответа.

### Разрушьте стену греха, возведенную по причине отсутствия любви друг к другу

Бог говорит нам, что это естественно для Его детей – любить друг друга (1-е посл. Иоанна, 4:11). Вдобавок к этому, Бог велит нам любить и своих врагов (От Матфея, 5:44), поэтому, если мы ненавидим своих братьев, мы нарушаем Слово Божье и совершаем грех.

Иисус Христос тем явил Свою любовь к людям, что пошел ради нас на крест, когда мы были ещё грешниками. Поэтому для нас так важно любить своих родителей, детей и братьев. Если мы держим обиду против брата или пестуем в себе ненависть к нему, мы совершаем тяжкий грех против Бога. Бог не просит, чтобы мы являли любовь к другим до самопожертвования, как это сделал Иисус, умерев за наши грехи. Он всего лишь просит, чтобы мы обратили ненависть в прощение. Почему же это так сложно?

Бог говорит, что всякий, ненавидящий брата своего, есть человекоубийца (1-е посл. Иоанна, 3:15), и Отец наш будет относиться к нам соответственно, если мы не простим братьев своих (От Матфея, 18:35). Бог призывает нас к любви и к тому, чтобы мы оставили всякую вражду к братьям, дабы нам избежать осуждения (Посл. Иакова, 5:9).

Благодаря любви Иисуса Христа, распятого за нас и искупившего нас от грехов, прошлых и будущих, Дух Святой обитает в каждом из нас, чтобы мы, покаявшись перед Богом, смогли возлюбить всех людей, отвратиться от прежней жизни и принять Его прощение. Для людей этого мира, не верующих в Иисуса Христа, нет прощения, даже если они раскаиваются в своих поступках; они не способны испытывать истинную любовь друг к другу, не имея водительства Духа Святого.

Даже если брат ваш ненавидит вас, вы должны иметь сердце мудрое, чтобы понять и простить его, молиться за него в любви, чтобы самому не стать соучастником в грехе. Если мы ненавидим братьев наших, мы грешим перед Богом, утрачиваем полноту Духа Святого и напрасно взываем к Богу в молитве. В таком случае, наша молитва останется без ответа.

Только с помощью Духа Святого мы сможем возлюбить, понять и простить наших братьев и получить от Бога все, о чем мы просим.

## Разрушьте стену греха, возникшую из-за несоблюдения Божьих Заповедей

В Евангелии от Иоанна, 14:21, Иисус говорит: *«Кто имеет заповеди Мои и соблюдает их, тот любит Меня; а кто любит Меня, тот возлюблен будет Отцом Моим; и Я возлюблю его и явлюсь ему Сам»*. По этой же причине в 1-м послании Иоанна, 3:21, говорится: *«Возлюбленные! если сердце наше не осуждает нас, то мы имеем дерзновение к Богу»*. Иными словами, если наше непослушание заповедям Божьим создало стену греха, наши молитвы останутся без ответа. Только когда дети Божьи исполняют заповеди и угождают Богу, они с уверенностью могут просить Его об исполнении желания своего сердца, и они получат просимое.

В 1-м послании Иоанна, 3:24, нам напоминают: *«И кто*

*сохраняет заповеди Его, тот пребывает в Нем, и Он в том. А что Он пребывает в нас, узнаём по духу, который Он дал нам».* Здесь сказано, что человек сможет получить ответ от Бога и преуспеть в своей жизни, только если сердце его исполнено истиной и если он ходит под водительством Духа Святого.

Представим, что в сердце некого человека сто отсеков, и все они отданы Господу; в таком случае его душа будет процветать, и он получит благословения на все свои дела. Если же человек отвел Богу лишь половину пространства своего сердца, а остальное использует по своему усмотрению, то он не может рассчитывать на то, что Бог всегда будет отвечать ему, потому что Дух Святой лишь частично ведет его по жизни, тогда как остальное время он живет по желаниям плоти. Господь пребывает в каждом из нас, и Он дает нам силы преодолевать все препятствия на нашем пути. Даже если мы пойдем долиной смертной тени, Он поможет нам избежать зла, обратит обстоятельства в нашу пользу и поведет нас по пути процветания.

Когда мы угождаем Богу, исполняя заповеди Его, мы живем в Боге, и Бог живет в нас. И тогда мы сможем воздать славу Ему и получить ответ на все наши молитвы. Итак, уничтожим стену греха, возведенную по причине несоблюдения Божьих Заповедей, начнем новую жизнь в послушании Ему и воздадим хвалу Богу за все Его благодеяния.

## Разрушьте стену греха, возведенную собственными эгоистичными желаниями

Бог повелевает нам все делать для Его славы (1-е посл. к Коринфянам, 10:31). Если мы молимся не ради славы Божьей, а в угоду желаниям своей плоти, Бог не может ответить на такую молитву (Посл. Иакова, 4:3).

Если мы просим о финансовом благополучии, чтобы послужить Царству Божьему, помогать бедным и потрудиться на ниве спасения душ, Бог непременно ответит нам, потому что таким образом мы стремимся прославить Его. Если же мы просим о богатстве, чтобы хвалиться перед братом, который упрекает нас в бедности, то наша молитва направлена на удовлетворение плотских желаний, и Бог не ответит нам. Даже в этом мире родители, любящие своего ребенка, не дадут ему 100 долларов, чтобы он потратил их на игры. Так же и Бог не хочет, чтобы мы сбивались с истинного пути, и поэтому Он не станет отвечать на каждую просьбу Своих детей.

В 1-м послании Иоанна, 5:14-15, написано: *«И вот какое дерзновение мы имеем к Нему, что, когда просим чего по воле Его, Он слушает нас. А когда мы знаем, что Он слушает нас во всем, чего бы мы ни просили, – знаем и то, что получаем просимое от Него»*. Только отказавшись от своих плотских желаний и обращаясь к Богу по воле Его и для Его славы, мы сможем получить ответ на все наши молитвы.

## Разрушьте стену греха, возведённую своими сомнениями в силе молитвы

Бог радуется, когда находит в нас веру, ибо без веры Богу угодить невозможно (Посл. к Евреям, 11:6). В Библии мы находим множество примеров, когда Бог отвечает тем людям, которые показали Ему свою веру (От Матфея, 20:29-34; От Марка, 5:22-43; 9:17-27; 10:46-52). Когда же люди не могли проявить веру, то получали нарекание за маловерие, что было и с учениками Иисуса (От Матфея, 8:23-27). И вместе с тем, даже язычники могли заслужить похвалу от Бога, когда являли свою крепкую веру (От Матфея, 15:28).

Бог упрекает маловерных и тех, кто не способен верить (От Марка, 9:16-29). Он напоминает нам, что малая крупица сомнения во время молитвы лишает возможности что-либо получить от Господа (Посл. Иакова, 1:6-7). Иными словами, если мы постимся и молимся всю ночь, а наша молитва исполнена сомнений, то нам не стоит ожидать ответа от Бога.

Бог ясно говорит нам: *«Имейте веру Божию, ибо истинно говорю вам, если кто скажет горе сей: „поднимись и ввергнись в море", и не усомнится в сердце своём, но поверит, что сбудется по словам его, — будет ему, что ни скажет. Потому говорю вам: всё, чего ни будете просить в молитве, верьте, что получите, — и будет вам»* (От Марка, 11:23-24).

Ибо *«Бог не человек, чтоб Ему лгать, и не сын*

*человеческий, чтоб Ему изменяться»* (Числа, 23:19). Бог всегда отвечает на молитвы тех, кто верит Ему и молится во славу Божью. Люди, любящие Бога и имеющие веру, непременно станут искать славы Божьей, и поэтому смогут попросить Его, о чем пожелают. Получив ответ на свою молитву, такой человек прославит Господа. Я призываю вас избавиться от сомнений, укрепиться в вере, чтобы мы могли получить просимое, и в сердцах своих воздать славу Ему.

## Разрушьте стену греха, воздвигнутую по причине того, что вы не сеяли перед Богом

Бог, как Владыка всего во Вселенной, установил духовный закон, и, как Судья Праведный, Он держит все в надлежащем порядке.

Царь Дарий не смог спасти своего возлюбленного слугу Даниила от львиного рва, потому что не мог отменить указ, который сам же подписал. Так же и Бог не может нарушить законы духовного мира, которые Сам установил, и всё во Вселенной происходит по Его усмотрению. Поэтому «Бог поругаем не бывает» и позволяет человеку пожинать то, что он посеял (Посл. к Галатам, 6:7). Если человек сеет молитву, он пожнет духовные благословения; если он сеет свое время, то пожнет благословения доброго здоровья; и если он сеет пожертвования, то Бог оградит его от финансовых проблем на работе и дома, и пошлет ему ещё большие материальные благословения.

Когда мы разными путями сеем перед Богом, Он отвечает на наши молитвы, дарует нам все, о чем мы просим. Будем же с усердием сеять, чтобы не только принести обильный плод, но и получить от Бога просимое.

Кроме упомянутых выше шести грехов, из-за которых возникает стена между Богом и человеком, понятие греха еще включает в себя желания и дела плоти, в частности такие, как неправедность, зависть, гнев, злость, гордость, отказ от борьбы с грехом «до пролития крови» и отсутствие ревности по Царству Божьему. Зная, в чем именно состоит преграда между нами и Богом, нам следует разрушить стену греха, чтобы прославить Его и получить ответ на молитвы. Каждый из нас может стать физически здоровым и финансово успешным верующим, чья душа процветает и пребывает в Боге.

Основываясь на словах пророка Исаии, 59:1-2, мы рассмотрели причины, которые возводят преграды между Богом и человеком. Пусть каждый из вас станет благословенным сыном Божьим и поймет суть этой преграды. Пусть каждый из вас обретет доброе здоровье и преуспеет во всех делах своих, чтобы прославить нашего Небесного Отца за все, что Он дает нам по нашей молитве. Я молюсь об этом во имя Иисуса Христа.

# Глава 5.

## Вы пожнете то, что посеяли

## 2-е послание к Коринфянам, 9:6-7

*«При сем скажу: кто сеет скупо, тот скупо и пожнет; а кто сеет щедро, тот щедро и пожнет. Каждый [уделяй] по расположению сердца, не с огорчением и не с принуждением; ибо доброхотно дающего любит Бог».*

Каждую осень мы можем видеть, как колышутся золотыми волнами поспевшие рисовые посевы. Мы знаем, сколько фермерам пришлось потрудиться, старательно засеивая и удобряя поля, заботясь о побегах в течение всей весны и лета, вплоть до наступления уборочной страды.

Фермер, имеющий большое поле, трудится больше, чем фермер, засеивающий малое поле. Надеясь на богатый урожай, землевладелец трудится с усердием и упорством. Закон природы говорит нам о том, что человек пожнет то, что посеял. Мы должны знать, что такой же закон существует и в духовном мире, принадлежащем Богу.

Среди сегодняшних христиан есть люди, которые просят Бога исполнить их желания, но при этом они ничего не сеют. Другие жалуются, что Бог не отвечает им, несмотря на усердную молитву. Бог хочет дать Своим детям благословения в избытке и восполнить всякую нужду. Часто человек не понимает, в чем заключается закон сеяния и жатвы, и по этой причине не получает от Бога просимого.

Основываясь на законе природы: «Что посеял человек, то и пожнет», давайте рассмотрим, что именно и как мы должны сеять, чтобы получить ответ от Бога и воздать хвалу Ему.

### Мы должны прежде всего возделать поле

Прежде чем фермер начнет сеять, он должен провести

культивацию своего поля. Ему придется убрать камни, выровнять землю, подготовить все условия, чтобы семена смогли прорасти. Усердие и трудолюбие помогут даже заброшенную землю превратить в плодородное поле.

В Библии сердце каждого человека уподобляется полю и разделяется на четыре типа почвы (От Матфея, 13:3-9).

**Первая почва – это «почва при дороге».**

Почва при дороге отличается твердостью. Человек с таким сердцем посещает церковь, но, даже услышав Слово, не открывает для него свое сердце. Поэтому он не способен познать Бога, у него нет достаточной веры и знания Слова Божьего.

**Вторая почва – это «каменистые места».**

На каменистой земле побеги из-за камней не могут прорасти как подобает. Человек с таким сердцем знает Слово Божье на уровне разума, но его вера не подкрепляется делами. Он не укоренен в вере, поэтому быстро отпадает во времена искушений и испытаний.

**Третья почва – это «тернистая земля».**

Тернии, или колючки, вырастают и душат ростки, поэтому на такой земле нельзя вырастить хороший урожай. Человек с таким сердцем верит Слову Божьему и старается жить по Слову. В то же время он действует, следуя желаниям своей плоти, а не в угоду воле Божьей. Рост слова, посеянного в его сердце, заглушается искушениями: он искушается тягой к обогащению, к деньгам и мирскими заботами. Вследствие чего, он не приносит плода. Хотя он и молится, но полностью положиться на невидимого Бога он не способен, его быстро сбивают собственные мысли и выбор пути. Такой человек не может испытать Божью силу, потому что Бог находится от него на расстоянии.

**Четвертая почва – это «почва добрая».**
Человек с таким сердцем всегда говорит «аминь» на всякое слово от Бога и с верой повинуется ему, не пытаясь внести свои собственные домыслы и расчеты. Когда семя посеяно в добрую почву, оно хорошо произрастает и приносит плод в сто, шестьдесят или тридцать крат.

Иисус всегда оставался верным Слову Божьему (Посл. к Филиппийцам, 2:5:8). Так же и человек, чье сердце представляет собой добрую почву, будет жить по Слову Божьему без всяких условий. Если Слово Божье говорит ему всегда радоваться, он будет радоваться в любых обстоятельствах. Если Слово Божье говорит ему всегда молиться, он будет неустанно молиться. Человек с таким сердцем всегда находится в общении с Богом, живет по воле Его и может получить от Него всё, что ни попросит в молитве.

Не имеет значения, какое сердце у нас в данный момент: мы всегда можем превратить его в добрую почву. Мы можем вспахать твердую землю и убрать все камни, удалить колючки и удобрить наше поле.

Каким же образом мы можем возделать наши сердца, чтобы превратить их в «почву добрую»?

Во-первых, нам следует поклоняться Богу в Духе и истине.

Мы должны посвятить Господу весь наш разум, волю и силу и с любовью отдать Ему свое сердце. Только тогда мы будем ограждены от праздных мыслей, усталости и сонливости и с помощью силы Свыше сможем превратить наши сердца в добрую почву.

Во-вторых, мы должны бороться с нашими грехами до пролития крови.

Когда мы полностью повинуемся Слову Божьему, исполняя все Его повеления и не нарушая запреты, наше сердце постепенно будет превращаться в добрую почву. Например, если мы выявили в себе зависть, ревность, ненависть или что-то подобное, мы сможем преобразовать себя только с помощью усердной молитвы.

Усердно возделывая почву нашего сердца, мы станем возрастать в вере, и все дела наши, содеянные в Божьей любви, принесут успех. Мы должны тщательно возделывать нашу землю, чтобы, живя по Слову Божьему, все больше укрепляться в духовной вере. И чем больше мы возрастаем в духовной вере, тем более доброй становится почва нашего сердца. Так что мы должны с большим усердием обрабатывать свои сердца.

## Мы должны сеять разные семена

Когда земля возделана, фермер начинает засевать ее семенами. Мы нуждаемся в разной пище, чтобы сохранить свое здоровье. Поэтому фермер закладывает в почву разные семена: он сеет рис, рожь, овощи, фасоль и так далее.

Сея перед Богом, мы должны сеять разное семя. В духовном смысле, «сеяние» относится к исполнению Божьих повелений. Например, если Бог велит нам всегда радоваться, мы должны сеять радость, которая исходит из надежды на Царство Небесное, угождая, таким образом, Богу, Который исполняет желания нашего сердца (Псалом, 36:4). Если Бог велит нам проповедовать Евангелие, мы должны с усердием свидетельствовать о Божьем слове. Если Он говорит, чтобы мы любили друг друга, были верующими, были благодарными и молились, мы должны в точности исполнять все повеления.

Кроме того, живя по Слову Божьему, мы сеем перед Ним, когда даем десятины и соблюдаем День Господень. Всё то, что мы посеяли, произрастет в свое время, зацветет и принесет обильный плод.

Если мы сеем скупо и неохотно, Бог не примет наших усилий. Так же как фермер сеет семя в надежде на хороший урожай осенью, мы должны с верой взирать на Бога, Который благословит нас в сто, шестьдесят и тридцать крат.

В Послании к Евреям, 11:6, сказано: *«А без веры угодить Богу невозможно; ибо надобно, чтобы приходящий к Богу веровал, что Он есть, и ищущим Его воздает»*. Доверяя Его слову, щедро сея перед Богом, мы пожнем богатый урожай в этом мире, и нам воздастся в Царстве Небесном.

## Необходимо с усердием и постоянством заботиться о поле

После посева фермер продолжает с усердием заботиться о поле. Он поливает растения, пропалывает грядки и уничтожает вредителей. Без этих усилий ростки могут зачахнуть и погибнуть, так и не принеся плода.

В духовном смысле, «вода» означает Слово Божье. Иисус говорит нам в Евангелии от Иоанна, 4:14: *«А кто будет пить воду, которую Я дам ему, тот не будет жаждать вовек; но вода, которую Я дам ему, сделается в нем источником воды, текущей в жизнь вечную»*. Вода здесь символизирует жизнь вечную и истину. «Уничтожая вредителей», мы охраняем в сердце своем Слово Божье от дьявольских атак. Через прославления, благодарения и молитвы мы сможем оградить наше сердце от попыток дьявола помешать его возделыванию.

«Пропалывая поле», мы избавляемся от таких грехов,

как гнев, ненависть, и тому подобных. Когда мы с усердием молимся и стараемся избавиться от гнева и ненависти, мы, тем самым, даем возможность произрасти семенам смирения и любви. Избавившись от всякого греха и противостав дьяволу, мы сможем возрасти в любви как истинные дети Божьи.

Когда мы заботимся о засеянном поле, очень важно соблюдать временные сроки. Если фермер начнет вскапывать землю вскоре после посева, чтобы посмотреть, насколько проросли семена, он просто погубит все ростки. Мы должны с терпением и самоотдачей ожидать наступления периода жатвы.

Время, которое требуется для созревания плода, зависит от вида растения. Например, арбуз и дыня плодоносят каждый год, тогда как посаженная яблоня или груша требуют нескольких лет заботы. Фермер, вырастивший корень женьшеня радуется больше, чем тот, кто вырастил арбуз, потому что женьшень требует гораздо больше усилий и времени по сравнению с арбузами.

Таким же образом, сея перед Господом, мы должны быть готовы к тому, что иногда потребуется время, прежде чем мы увидим плоды и получим ответ от Бога. В Послании к Галатам, 6:9, сказано: «Делая добро, да не унываем, ибо в свое время пожнем, если не ослабеем». Итак, будем терпеливо заботиться о нашем поле до самого времени жатвы.

### Что вы посеяли, то и пожнете

В Евангелии от Иоанна, 12:24, Иисус говорит: *«Истинно, истинно говорю вам: если пшеничное зерно, пав в землю, не умрет, то останется одно; а если умрет, то принесет много плода».* В соответствии со Своим законом, Бог Справедливости отдал Своего Единородного Сына как искупительную жертву за все человечество, Который, словно пшеничное зерно, павшее в землю, умер за нас. Своей смертью Иисус принес много плодов.

Закон духовного мира подобен закону природы и говорит нам, что всякий человек пожнет то, что посеял. Этот закон не может быть нарушен. В Послании к Галатам, 6:7-8, об этом сказано прямо: *«Не обманывайтесь: Бог поругаем не бывает. Что посеет человек, то и пожнет: сеющий в плоть свою от плоти пожнет тление, а сеющий в дух от духа пожнет жизнь вечную».*

В зависимости от сорта семян, которыми фермер засеивает поле, он может рассчитывать на более раннюю жатву, чем у других, поэтому, собрав урожай, он может опять начать сеять. И чем больше он сеет, чем лучше заботиться о своем поле, тем обильнее будет урожай. Так же и в наших отношениях с Богом: мы пожнем то, что посеяли.

Если мы сеем молитву и хвалу, то, получив силу Свыше и так как душа наша преуспевает, мы сможем жить по Слову Божьему. Если вы станете преданно трудиться для Царства

Божьего, все болезни оставят ваше тело, и вы получите благословения – как физические, так и духовные. Если вы с усердием сеете материальные блага, отдаете десятины и благодарственные пожертвования, то Он благословит вас финансовым процветанием, которое вы сможете использовать для Царства Божьего и праведности Его.

Наш Господь дает каждому награду по делам его, как об этом сказано в Евангелии от Иоанна, 5:29: *«И изыдут творившие добро в воскресение жизни, а делавшие зло – в воскресение осуждения»*. Итак, мы должны пребывать в Духе Святом и творить добро в нашей жизни.

Если человек сеет не для Духа Святого, а для удовлетворения своих плотских желаний, то пожнет лишь тленные ценности этого мира. Если вы осуждаете других людей, вы также подвергнетесь осуждению по Слову Божьему: *«Не судите, да не судимы будете, ибо каким судом судите, [таким] будете судимы; и какою мерою мерите, [такою] и вам будут мерить»* (От Матфея, 7:1-2).

Бог простил все наши грехи, совершенные до того, как мы приняли Иисуса Христа. Но если, познав истину, мы продолжаем грешить, то получим воздаяние за грех, даже если мы покаялись перед Богом.

Если вы сеете грех, то, по закону духовного мира, пожнете плод греха, и вас постигнут трудности и испытания.

Когда возлюбленный Богом Давид согрешил, то услышал: *«Зачем же ты пренебрег слово Господа, сделав *злое пред очами Его? Урию Хеттеянина ты поразил мечом; жену его взял себе в жену, а его ты убил мечом Аммонитян... Так говорит Господь: вот, Я воздвигну на тебя зло из дома твоего...»* (2-я кн. Царств, 12:9, 11). Давид покаялся и был прощен Богом, но мы также знаем, что Бог поразил сына Давида, которого родила ему жена Урии (2-я кн. Царств, 12:13-15).

Мы должны жить в истине и творить добро, всегда помня, что мы пожнем то, что посеяли. Будем же сеять для Духа Святого, чтобы принять жизнь вечную и всегда получать благословения от Бога.

В Библии есть много примеров того, как люди угождали Господу и получали от Него обильные благословения. Женщина из города Сонам всегда с заботой и любовью относилась к пророку Елисею, он останавливался у нее в доме, когда был в городе. Посоветовавшись с мужем, она приготовила горницу для Елисея, поставив там постель, стол, стулья и светильник, и пригласила Елисея остаться у них (4-я кн. Царств, 4:8-10).

Елисей был глубоко тронут заботой этой женщины. Узнав, что муж ее уже весьма стар и у них нет детей, Елисей попросил у Бога, чтобы Он благословил их ребенком, и уже на другой год женщина забеременела и родила сына (4-я кн. Царств, 4:11-17).

Бог обещал нам в Псалме, 36:4: *«Утешайся Господом, и Он исполнит желания сердца твоего».* Желание женщины из Сонама исполнилось, потому что она с заботой и усердием послужила слуге Божьему (4-я кн. Царств, 4:8-17).

В Деяниях, 9:36-40, мы читаем о женщине из Иоппии по имени Тавифа, которая делала множество добрых дел и творила милостыню. Когда она занемогла и умерла, ученики сказали об этом Петру. Когда Петр прибыл к ее дому, вдовы показывали рубашки и платья, которые шила для них Тавифа, и просили его воскресить ее. Петр был глубоко тронут всем, что увидел, и воззвал к Господу в молитве. Когда он сказал: *«Тавифа! встань»* – она открыла глаза свои и села перед ним. Тавифа сеяла перед Господом добрые дела, помогала бедным, и поэтому ее жизнь была продлена.

В Евангелии от Марка, 12:44, мы читаем о бедной вдове, которая отдала Богу все, что имела. Иисус, наблюдая в храме, кто и как жертвует, похвалил эту женщину и сказал Своим ученикам: *«Ибо все клали от избытка своего, а она от скудости своей положила всё, что имела, всё пропитание свое».* Не трудно догадаться, что жизнь этой женщины впоследствии была наполнена обилием благословений.

По закону духовного мира, Бог в Своей справедливости дает нам пожинать то, что мы посеяли, и награждает каждого согласно его делам. Бог может ответить на все наши просьбы, однако мы должны понимать, что деяния Божьи совершаются в зависимости от веры и послушания конкретного человека. Исследуем же наши сердца и станем с усердием возделывать нашу почву, засеивая ее добрыми семенами, чтобы со временем получить обильный урожай в соответствии с приложенными нами усилиями. Я молюсь об этом во имя Иисуса Христа!

# Глава 6.

## Илия получает ответ от Бога посредством огня

### 3-я кн. Царств, 18:41-45

*«И сказал Илия Ахаву: пойди, ешь и пей, ибо слышен шум дождя. И пошел Ахав есть и пить, а Илия взошел на верх Кармила, и наклонился к земле, и положил лицо свое между коленами своими, и сказал отроку своему: пойди, посмотри к морю. Тот пошел, и посмотрел, и сказал: ничего нет. Он сказал: продолжай [это] до семи раз. В седьмой раз тот сказал: вот, небольшое облако поднимается от моря, величиною в ладонь человеческую. Он сказал: пойди, скажи Ахаву: „запрягай [колесницу твою] и поезжай, чтобы не застал тебя дождь". Между тем небо сделалось мрачно от туч и от ветра и пошел большой дождь. Ахав же сел в колесницу, и поехал в Изреель».*

Илия был верным слугой Божьим, и он свидетельствовал о Живом Боге, чтобы Израильтяне, поклонявшиеся идолам, могли покаяться. Он просил, чтобы Бог ответил ему, послав огонь, и Бог сделал это. И когда из-за гнева Божьего не было на земле дождя в течение трех с половиной лет, Илия совершил чудо, низведя Свыше сильный дождь, положивший конец засухе.

Если мы верим в Живого Бога, мы, подобно Илии, сможем получить ответ от Бога посредством огня и прославить Его своим свидетельством.

Исследуя веру Илии, которая позволила ему получить ответ от Бога в виде огня и исполнить все желания его сердца, мы также преобразимся в благословенных детей Божьих, чьи молитвы к Отцу Небесному не останутся без ответа.

## Вера Илии, слуги Божьего

Будучи избранным народом Божьим, Израильтяне должны были служить единому Богу. Однако цари Израильские стали творить злое в очах Божьих и поклонялись идолам. Когда Ахав взошел на престол, среди Израильского народа зло и идолопоклонство достигли кульминации. Гнев Божий на Израиль обернулся бедствиями, и три с половиной года в стране продолжалась засуха. Но через слугу Своего, Илию, Бог явил чудные дела.

Бог сказал Илии: «*...пойди и покажись Ахаву, и Я дам*

*дождь на землю»* (3-я кн. Царств, 18:1).

Моисей, выведший Израильтян из Египта, сначала ослушался Бога, повелевшего ему идти к фараону. Так же и Самуил, когда Бог сказал ему помазать Давида, не хотел сначала исполнять это указание. А когда Бог сказал Илии показаться перед Ахавом, перед царем, который пытался убить его в течение трех лет, Илия незамедлительно повиновался слову Божьему, угодив Богу своей верой.

Илия всегда с верой и покорностью принимал всякое слово Божье. И поэтому Бог мог многократно являть Свою силу через пророка. Бог возлюбил Илию за его покорную веру, принял его в число Своих слуг и сопровождал его на всех путях, помогая ему во всех делах его. Поручителем веры Илии был Бог, поэтому Илия мог воскрешать мертвых, получить ответ от Бога в виде огня, и в конце концов он вознесся на небо в огненной колеснице. Бог один восседает на Небесном Престоле, Всемогущий Творец видит всю Вселенную и являет Свои дела в том месте, где есть Его присутствие. Как сказано в Евангелии от Марка, 16:20: *«А они пошли и проповедовали везде, при Господнем содействии и подкреплении слова последующими знамениями».* Когда Бог признает и удостоверит веру кого-либо, молитва такого человека сопровождается чудесами, как знак того, что Бог обитает в нем.

## Илия получил ответ от Бога посредством огня

Вера и послушание Илии были настолько велики, что Бог избрал его Своим пророком, который мог смело предсказать грядущую засуху в Израиле.

Он сказал царю Ахаву: *«Жив Господь, Бог Израилев, пред Которым я стою! в сии годы не будет ни росы, ни дождя, разве только по моему слову»* (3-я кн. Царств, 17:1).

Бог знал заранее, что Ахав посягнет на жизнь пророка, предсказавшего засуху, и потому Он отвел его к потоку Хорафа, приказав воронам утром и вечером приносить Илии хлеб и мясо. Когда из-за засухи поток Хораф высох, Бог повел Илию в Сарепту Сидонскую, повелев женщине-вдове заботиться о нем и кормить его.

А когда сын вдовы заболел, ему становилось все хуже и хуже и, в конечном итоге, он умер, Илия воззвал к Богу в молитве: *«Господи Боже мой! да возвратится душа отрока сего в него!»* (3-я кн. Царств, 17:21)

Бог услышал молитву Илии и возвратил жизнь этому мальчику. Таким образом Бог показал, что Илия является человеком Божьим и что слово Господне в его устах истинно (3-я кн. Царств, 17:24).

Многие люди нашего поколения не могут уверовать в Бога до тех пор, пока не увидят чудес и знамений Свыше (От Иоанна, 4:48). С тем, чтобы свидетельствовать о Живом Боге в наше время, каждый из нас должен вооружиться верой, подобной той, которая была у Илии, и с дерзновением проповедовать Евангелие.

На третий год, после того как Илия произнес пророческие слова перед царем Ахавом: «В сии годы не будет ни росы, ни дождя, разве только по моему слову», Бог повелел Илии: *«Пойди и покажись Ахаву, и Я дам дождь на землю»* (3-я кн. Царств, 18:1). Об этом же написано и в Евангелии от Луки, 4:25: *«...во дни Илии, когда заключено было небо три года и шесть месяцев, так что сделался большой голод по всей земле»*. Иными словами, в Израиле не было дождя в течение трех с половиной лет. До того как Илия показался перед Ахавом вторично, царь повсюду искал его, полагая, что Илия виноват в том, что на землю пришла засуха.

Зная, что ему грозит немедленная смерть, появись он перед Ахавом, Илия, тем не менее, послушался голоса Божьего. Когда Илия предстал перед царем, Ахав спросил его: *«Ты ли это, смущающий Израиля?»* (3-я кн. Царств, 18:17) На что Илия ответил: *«Не я смущаю Израиля, а ты и дом отца твоего, тем, что вы презрели повеления Господни и идете вслед Ваалам»* (3-я кн. Царств, 18:18). Илия с дерзновением и без страха передал царю волю Божью. Он сделал и ещё один шаг, сказав Ахаву: *«Теперь пошли и собери ко мне всего Израиля на гору Кармил, и четыреста пятьдесят пророков Вааловых, и четыреста пророков дубравных, питающихся от стола Иезавели»* (3-я кн. Царств, 18:19).

Илия хорошо понимал, что засуха постигла землю Израильскую по вине идолопоклонников, и он был готов противостоять 850-ти служителям идолов, чтобы показать всему народу, что *«Тот Бог, Который даст ответ посредством огня, есть Бог»*. Имея непреклонную веру, пророк Божий знал, что Бог ответит ему через огонь.

И сказал Илия пророкам Вааловым: *«Выберите себе одного тельца и приготовьте вы прежде, ибо вас много; и призовите имя бога вашего, но огня не подкладывайте»* (3-я кн. Царств, 18:25). И, увидев, что пророки Вааловы не получили ответа от своего бога, Илия «стал смеяться над ними».

Зная, что Бог непременно ответит ему посредством огня, Илия повелел Израильтянам соорудить алтарь, положить на него дрова, сверху же была жертва, затем он повелел залить жертвенник водой и начал молиться, говоря:

> *«Услышь меня, Господи, услышь меня! Да познает народ сей, что Ты, Господи, Бог, и Ты обратишь сердце их [к Тебе]»* (3-я кн. Царств, 18:37).

Огонь Господень ниспал после этого и пожрал всесожжение, и дрова, и камни, и поглотил воду, которая была во рве. Увидев это, весь народ упал на лица свои и сказал: *«Господь есть Бог, Господь есть Бог!»* (3-я кн. Царств, 18:38-39)

Всё это стало возможным, потому что Илия ни на секунду

не сомневался в Боге (Посл. Иакова, 1:6). Он верил, что уже получит то, о чем просит в молитве (От Марка, 11:24).

Для чего Илия повелел лить воду на жертвенник, перед тем как помолиться? После трехлетней засухи воды катастрофически не хватало, и она была на вес золота. Наполнив четыре ведра водой и облив жертвенник трижды (3-я кн. Царств, 18:33-34), Илия показал Богу свою веру, принеся Ему самое ценное, что у него было. Бог, любящий доброохотно дающего (2-е посл. к Коринфянам, 9:7), не только позволил Илии пожать то, что он посеял, но и ответил ему посредством огня, показав всему народу Израильскому, что их Бог Живой.

Идя по стопам Илии и являя свою веру, отдадим Господу все самое ценное, что у нас есть, чтобы приготовить себя к Его ответу на наши молитвы. И тогда мы сможем засвидетельствовать всем людям, что наш Бог Живой, отвечающий через огонь.

### Илия низводит на землю дождь

Показав Израильтянам силу Живого Бога, отвечающего через огонь, и призвав народ к покаянию, Илия не забыл о своем обещании Ахаву: *«Жив Господь Бог Израилев, пред Которым я стою! в сии годы не будет ни росы, ни дождя, разве только по моему слову»* (3-я кн. Царств, 17:1). И вот, Илия сказал царю: *«Пойди, ешь и пей, ибо слышен шум дождя»* (3-я кн. Царств, 18:41), после чего взошел на гору Кармил. Илия сделал это, чтобы исполнилось Слово Божье, ибо Бог обещал ответить пророку и послать дождь на землю.

Взойдя на гору Кармил, Илия наклонился и положил свое лицо между коленами. Почему Илия молился именно таким образом? Потому что трепет и страх охватили его во время молитвы.

Представляя себе этот образ, мы можем понять, насколько искренне взывал Илия к Богу. Более того, он не прекращал молиться, пока не увидел ответ от Бога собственными глазами. Пророк велел слуге смотреть в сторону моря и семь раз взывал к Богу, пока слуга не увидел облако величиной с человеческую ладонь. И такая молитва была услышана Богом. Надо полагать, что молитва Илии действительно обладала великой силой, если он смог вызвать дождь после засухи, которая длилась три с половиной года.

Получив ответ от Бога посредством огня, Илия подтвердил то, что через него Бог совершит великие деяния; и то же самое он сделал после того, как вызвал дождь на землю. Увидев на горизонте облако величиной с ладонь, Илия послал человека сказать Ахаву: *«Запрягай [колесницу твою] и поезжай, чтобы не застал тебя дождь»* (3-я кн. Царств, 18:44). Вера Илии была такова, что он мог с уверенностью говорить о том, что ещё было невидимо для глаз (Посл. к Евреям, 11:1). Бог мог действовать через веру Илии, и действительно, по прошествии небольшого времени, небо сделалось мрачно от туч и от ветра, и пошел большой дождь (3-я кн. Царств, 18:45).

Мы должны верить, что Бог, даровавший Илии ответ посредством огня и ниспославший долгожданный дождь на землю после засухи, есть Тот же Бог, Который избавит нас от трудностей и страданий, исполнит желания нашего сердца и ниспошлет свои чудные благословения.

К этому моменту я уверен в том, что вы уже поняли: чтобы получить ответ от Бога посредством огня, прославить Его и исполнить желания своего сердца, вы должны прежде всего показать свою веру, уничтожить стену греха, отделяющую вас от Бога, и просить Его обо всем без тени сомнения.

Кроме того, вы должны с радостью возвести алтарь Богу, отдать Ему свои пожертвования и усердно молиться. А также, пока не получите ответ от Бога, вы должны устами своими подтверждать, что Он это сделает. Бог увидит ваши усилия и ответит на ваши молитвы, чтобы вы воздали славу Ему в довольстве своего сердца.

Наш Бог отвечает нам, когда мы молимся о наших душевных проблемах, о трудностях с детьми, здоровьем, работой или об иных вещах, чтобы мы воздали славу Ему. Пусть наша вера уподобится вере Илии, чтобы мы молились до тех пор, пока Бог не ответит нам, и всегда воздавали славу нашему Небесному Отцу.

# Глава 7.

## Исполнить желания вашего сердца

Псалом, 36:4

*«Утешайся Господом, и Он исполнит желания сердца твоего».*

Многие люди сегодня ждут решения своих проблем от Всемогущего Бога. Они усердно молятся, постятся, проводят ночи в молитве об исцелении, о восстановлении бизнеса, о рождении детей и о материальных благах. К сожалению, большинство из этих людей так и не получают ответа от Бога на свои молитвы.

Когда Бог не отвечает в течение месяца или двух, люди часто ослабевают в молитве, начинают сомневаться в существовании Бога, отворачиваются от Него, служа идолам, и таким образом порочат Его имя. Если человек посещает церковь, но не получает Божьей силы и не славит Его, истинная ли это вера?

Если человек истинно верует в Бога, то, как дитя Божье, он может получить от Бога исполнение своих желаний и добьется с Божьей помощью всего того, что задумал в жизни. Однако многие, провозглашая веру в Бога, на самом деле терпят полную неудачу в сердце своем. Это происходит потому, что они не знают самих себя. Основываясь на этом стихе из Библии, давайте посмотрим, как нам исполнить желания нашего сердца.

### Во-первых, человек должен исследовать свое сердце.

Каждый из нас должен исследовать себя: действительно ли мы всем сердцем верим во Всемогущего Бога или наша вера половинчата, и мы просто надеемся на Бога, как на удачу? Многие, до того как познали Иисуса Христа, проводили жизнь, полагаясь на идолов или на самих себя. Во времена же испытаний и страданий, осознав, что ни их идолы, ни они сами не могут помочь им справиться с проблемами, люди задумываются, и тогда, услышав весть о Боге, Который может им помочь, они приходят к Нему.

Вместо того чтобы с твердой верой взирать на Господа, мирские люди с сомнением спрашивают себя: «Ответит ли Бог, если буду просить Его в молитве?», или: «Возможно, молитва поможет мне пережить эти трудности». Всемогущий Бог, управляющий, как историей всего человечества, так и жизнью, смертью и благословением отдельного человека, воскрешает мертвых и глубокого исследует сердце человека. И мы знаем, что Бог не ответит человеку с двоящимися мыслями (Посл. Иакова, 1:6-8).

Тот, кто действительно хочет, чтобы желания сердца его исполнились, должен отбросить все сомнения и верить, что уже получил то, о чем он просит Всемогущего Бога в молитве. Только тогда Бог проявит к нему Свою любовь и исполнит все его просьбы.

## Во-вторых, человек должен исследовать свою уверенность в спасении и состояние своей веры

Многие прихожане церквей испытывают недостаток веры. Очень огорчительно видеть духовные блуждания множества людей, не видящих из-за своей духовной гордыни, что они идут неправильным путем. Другие нуждаются в уверенности в своем спасении, даже после многих лет служения Христу.

В Послании к Римлянам, 10:10, читаем: *«Потому что сердцем веруют к праведности, а устами исповедуют ко спасению»*. Когда вы открываете свое сердце и принимаете Иисуса Христа как своего Спасителя, благодатью Духа Святого вы становитесь детьми Божьими. Более того, исповедуя, что Иисус Христос – ваш Спаситель, веруя, что Бог воскресил Иисуса из мертвых, вы обретаете уверенность в собственном спасении.

Если же вы сомневаетесь в своем спасение, то это означает, что с вашей верой что-то не в порядке. Если в вас нет уверенности в том, что Бог есть ваш Отец и что вы обрели Небесное гражданство и стали сыном Его, то вы не сможете жить по воле Отца.

По этой причине Иисус говорит нам: *«Не всякий, говорящий Мне: „Господи! Господи!", войдет в Царство Небесное, но исполняющий волю Отца Моего Небесного»* (От Матфея, 7:21). Если вы ещё не вступили в сыновние отношения с Богом, то вполне естественно, что вы не можете рассчитывать, что Бог ответит на ваши молитвы. В то же время, даже став дитем Божьим, вы можете не получить ответа на молитвы, если Бог увидит неправду в вашем сердце.

Однако если вы стали сыном Божьим и обрели уверенность в спасении, покаявшись перед Богом за прошлую жизнь, то Он разрешит все ваши проблемы, избавит от болезней, неудач в бизнесе и финансах. Все будет содействовать вам ко благу.

Если вы взываете к Богу о проблеме с вашим ребенком, то Словом истины Бог поможет вам понять и разрешить недоразумения, которые были между вами и ребенком. Порой, детям случается провиниться, и в большинстве случаев именно родители ответственны за возникшие проблемы. До того как указывать пальцем на промахи детей, родители должны сами отвратиться от неправедных путей и покаяться в грехах, стараясь в любви и терпении воспитывать своих детей. И Бог пошлет им мудрость и обратит все обстоятельства во благо детей и их родителей.

Итак, если вы приходите в церковь, чтобы разрешить проблемы с детьми, избавиться от болезней или финансовых трудностей, вы должны прежде молитвы и поста постараться понять, что стоит преградой между вами и Богом, и покаяться в этом. Тогда Бог пошлет вам водительство Духа Святого и устроит все для вашего блага. Если же вы не пытаетесь понять, в чем состоит ваш грех, не будете жить по Слову Божьему, то ваши молитвы останутся без ответа.

Есть много причин, по которым люди не могут постичь истину во всей полноте, и, как результат, они лишаются Божьих благословений. Но желания сердца каждого из нас осуществятся, если только мы обретем уверенность в спасении и будем жить по воле Божьей (Второзаконие, 28:1-14).

### В-третьих, вы должны угождать Богу своими делами.

Если человек признает Бога Творца и принимает Иисуса Христа как своего Спасителя, душа его начинает преуспевать по мере того, как он познает истину. Узнавая больше и больше о сердце Божьем, человек сможет жить жизнью, угодной Господу. Двух-, трехлетние малыши ещё не знают, как порадовать своих родителей, но во взрослом возрасте дети уже умеют угождать им. Таким же образом, чем полнее мы живем в истине, тем больше угождаем Богу.

Снова и снова мы находим в Библии примеры, как отцы веры получали ответы на свои молитвы, угождая Богу. Как угодил Богу Авраам?

Авраам всегда жил в мире и святости (Бытие, 13:9), служа Господу всем телом своим, всей душой и всем разумением своим (Бытие, 18:1-10); и он всегда повиновался Слову Божьему (Посл. к Евреям, 11:19; Бытие, 22:12), потому что верил, что Бог способен и мертвых воскрешать. И потому Авраам получил благословение Иегова-ире, или «Бог усмотрит», а также благословение в финансах, детях, здоровье и во всех других областях жизни (Бытие, 22:16-18; 24:1).

Что сделал Ной, чтобы получить Божьи благословения? Ной был человеком праведным и непорочным (Бытие, 6:9). Когда вода покрыла всю землю, только Ной и его семья смогли спастись и избежать осуждения. Ибо Ной ходил с Богом и послушался Его слова о строительстве ковчега, и в результате спас себя и свою семью.

Когда вдова из Сарепты посадила семя веры, помогая слуге Божьему Илии во время долгой засухи (3-я кн. Царств, 17:8-16), она получила обильные благословения. По вере своей она смогла испечь опреснок для Илии из горсти муки и небольшого количества масла, которое у нее было в сосуде. И Бог благословил ее и исполнил пророческое слово о ней: *«Ибо так говорит Господь, Бог Израилев: мука в кадке не истощится, и масло в кувшине не убудет до того дня, когда Господь даст дождь на землю»* (ст. 14).

Женщина из города Сонам (4-я кн. Царств, 4:8-17) с заботой и трепетом относилась к слуге Божьему Елисею, и Бог послал ей сына. Эта женщина служила пророку Божьему не в ожидании награды, а потому что искренне и от всего сердца любила Бога. Стоит ли удивляться тому, что Бог обильно благословил ее?

Мы также можем увидеть, как радовался Бог, видя веру Даниила и его троих друзей. Даниил, будучи брошенным в львиный ров за то, что молился Богу, вышел из него без единой царапины, потому что верил в Бога (Кн. пророкаДаниила, 6:16-23). Троих друзей Даниила связали и бросили в горящую печь за то, что они не поклонились идолу.

А они воздали славу Господу, выйдя из раскаленной печи целыми и невредимыми (Кн. пророка Даниила, 3:19-26).

В Евангелии от Матфея, в 8-й главе, мы читаем о сотнике, который угодил Богу своей верой и получил ответ на свою молитву. Когда он сказал Иисусу, что слуга его лежит в расслаблении и жестоко страдает, Иисус предложил прийти к нему в дом и исцелить слугу. В ответ сотник произнес: *«... скажи только слово, и выздоровеет слуга мой»*. Видя веру сотника и то, как он заботился о слуге (ст. 8), Иисус похвалил его: *«Истинно говорю вам, и в Израиле не нашел Я такой веры»* (ст. 10). Каждый получает ответ от Бога в соответствии со своей верой. Слуга сотника был исцелен в тот же миг. Аллилуйя!

Есть и другие примеры. В Евангелии от Марка, 5:25-34, мы читаем о вере женщины, которая страдала кровотечением в течение 12-ти лет. Несмотря на то, что она потратила все свои деньги на докторов, ее здоровье только ухудшалось. Услышав об Иисусе, эта женщина уверовала, что исцелится, если только коснется Его одежды. И, прикоснувшись к Иисусу в толпе, она тут же получила исцеление.

Каким было сердце сотника по имени Корнилий (Деяния, 10:1-8) и как именно он, язычник, послужил Богу, что он и весь дом его обрели спасение? Мы читаем, что дом Корнилия был богобоязненным домом. Корнилий всегда молился и творил много милости нуждающимся. Молитвы и милостыни Корнилия вспомнились Богу. И когда Петр посетил его дом и проповедовал Слово Божье, вся семья Корнилия получила дар Духа Святого и начала говорить языками.

В Книге Деяний, 9:36-42, мы читаем о женщине по имени Тавифа, что означает «серна», которая творила много добра, всегда помогая бедным. Однажды Тавифа занемогла и умерла. Когда Петр, которого о ней просили ученики, преклонил колени и помолился, Тавифа воскресла из мертвых.

Когда дети Его исполняют свои обязанности и угождают Отцу, Бог исполняет желания их сердец, и таковым все содействует ко благу. Если мы истинно верим в это, то Бог никогда не оставит наши молитвы без ответа.

Время от времени я слышу о людях, которые однажды имели большую веру, трудились в церкви, были преданными, но оставили Бога после того, как в их жизнь пришли трудности и испытания. И каждый раз мое сердце скорбит о том, что у этих людей нет духа различения.

Имея истинную веру, человек никогда не оставит Бога, даже если в его жизнь пришли испытания. Имея духовную веру, человек будет радоваться, благодарить Бога и молиться даже во время трудностей и страданий. Такой человек не предаст Бога, не поддастся искушению и не отойдет от веры. Иногда люди остаются верными в надежде получить благословения или заслужить признание окружающих. К сожалению, молитва веры и молитва в надежде на вознаграждение сильно отличаются друг от друга. Если, имея духовную веру, человек взывает к Богу, его молитва будет сопровождаться делами, угодными Ему. И тогда Бог исполнит желания сердца нашего, чтобы мы могли воздать всю славу Ему.

Основываясь на Библии, мы рассмотрели, как отцы веры явили свою веру Богу и какое сердце было угодно Ему, и Он давал просимое. По обетованию Бог благословляет тех, кто угождает Ему. Мы видели, как Тавифа была воскрешена из мертвых, бездетная женщина из Сонама обрела сына, а женщина, страдавшая кровотечением, исцелилась. И каждая из них сумела угодить Богу своей жизнью. Давайте и мы верить и устремлять свои взоры к Нему.

Бог говорит нам: *«Если сколько-нибудь можешь веровать, всё возможно верующему»* (От Марка, 9:23). Когда мы верим, что Бог может избавить нас от любых проблем, и полностью полагаемся на Него, если возникают проблемы со здоровьем, в отношениях с детьми или с финансами, Бог непременно позаботится о нас (Псалом, 36:5).

Пусть каждый из вас, угождая Богу, Который не обманывает и всегда исполняет Свое слово, получит ответ на свои молитвы и да исполнятся желания вашего сердца, чтобы прославить Бога и жить благословенной жизнью. Я молюсь об этом во имя Иисуса Христа!

Автор –
# д-р Джей Рок Ли

Д-р Джей Рок Ли родился в 1943 году в городе Муан провинции Джеоннам Корейской Республики. С двадцати лет д-р Ли страдал от различных неизлечимых заболеваний и в течение семи лет ждал смерти, без всякой надежды на исцеление. Но однажды, весной 1974 года, сестра привела его в церковь, где он упал на колени и молился, и Живой Бог мгновенно исцелил его от всех болезней.

С той минуты как д-р Ли встретился с Живым Богом, он искренне возлюбил Его всем сердцем, а в 1978 году был призван на служение Богу. Он усердно молился, чтобы ясно уразуметь волю Божью, полностью исполнить ее и повиноваться всякому слову Божьему. В 1982 году он основал Центральную церковь «Манмин» в городе Сеуле (Республика Корея), и с того момента бесчисленные дела Божьи, включая чудесные исцеления и знамения Божьи, были явлены в этой церкви.

В 1986 году д-р Ли был рукоположен в пасторы на ежегодной Ассамблее Корейской церкви Христа в Сингкуоле, а спустя ещё четыре года, в 1990 году, его проповеди начали транслироваться по каналам Дальневосточной вещательной компании, Азиатской вещательной компании и Вашингтонской христианской радиостанции в Австралии, России, на Филиппинах и во многих других странах.

Через три года, в 1993 году, журнал «Христианский мир» (США) внес Центральную церковь «Манмин» в список пятидесяти лучших церквей мира; колледж Христианской веры в штате Флорида (США) присвоил д-ру Ли степень почетного доктора богословия, а в 1996 году Теологическая семинария Кингсвэй (штат Айова, США) присвоила ему степень доктора философии христианского служения.

С 1993 года д-р Ли, проводя евангелизационные служения в Израиле, США, Танзании, Аргентине, Уганде, Японии, Пакистане, Кении, на Филиппинах, в Гондурасе, Индии, России, Германии и Перу, стал лидером мировой миссионерской деятельности. В 2002 году за его труд по проведению ряда впечатляющих объединенных евангелизационных служений известная христианская газета в Корее назвала его «пастором мира».

В 2002 году, за его усилия по проведению ряда впечатляющих объединенных христианских фестивалей, ведущие христианские газеты Кореи назвали его лидером религиозного возрождения мирового масштаба. В частности, на Нью-Йоркском христианском фестивале 2006 года, который проводился на всемирно известной арене Мэдисон Сквер Гарден и транслировался на 220 стран, а также на Межкультурном Израильском фестивале 2009 года, проведенном в Международном центре конвенций в Иерусалиме, он смело объявил, что Иисус Христос – Мессия и Спаситель. Его проповеди транслировались на 176 стран по спутниковым каналам, включая GCN TV. В 2009-м и 2010-м годах популярный русскоязычный христианский портал *In Victory* и новостное агентство *Christian Telegraph*, за его мощное телевещательное служение и пасторское служение за рубежом, назвали д-ра Ли в числе 10-ти самых влиятельных христианских лидеров.

По данным на ноябрь 2015 года, Центральная церковь «Манмин» объединяет более 120.000 членов. У церкви более 10.000 дочерних и ассоциативных церквей во всем мире, включая 56 филиала в самой Корее. Кроме того, более 103-ти миссионеров направлены в 23 страны, включая США, Россию, Германию, Канаду, Японию, Китай, Францию, Индию, Кению и многие другие страны.

На момент публикации этой книги д-р Ли написал 100-х книг, в том числе такие бестселлеры, как *«Откровение о вечной жизни в преддверии смерти»*, *«Моя жизнь, моя вера»* (I и II), *«Слово о Кресте»*, *«Мера веры»*, *«Небеса»* (I и II), *«Ад»* и *«Сила Божья»*. Его книги уже переведены на 76 языков мира.

Его статьи на тему христианской веры регулярно публикуются в следующих периодических изданиях: The Hankook Ilbo, The JoongAng Daily, The Dong-A Ilbo, The Munhwa Ilbo, The Seoul Shinmun, The Kyunghyang Shinmun, The Korea Economic Daily, The Korea Herald, The Shisa News и The Christian Press.

В настоящее время д-р Ли возглавляет многие миссионерские организации и ассоциации. Он, в частности, является главой правления Объединенной церкви святости Иисуса Христа, президентом Международной миссионерской организации Манмин, основателем и председателем правлений «Глобальной христианской сети» (GCN), «Всемирной сети врачей-христиан» (WCDN) и Международной семинарии Манмин (MIS).

## Другие, наиболее яркие книги, написанные этим автором

### Небеса (I) и (II)

Подробный рассказ о великолепных условиях, в которых живут граждане Неба, и красочное описание разных уровней Небесных царств.

### Моя жизнь, моя вера (I) и (II)

Жизнь, которая расцвела благодаря несравненной любви Бога посреди мрачных волн, тяжести бремени и глубокого отчаяния, и источает самый благоуханный духовный аромат.

### Слово о Кресте

Действенное пробуждающее послание ко всем, кто пребывает в духовном сне. Прочтя эту книгу, вы узнаете, почему Иисус является единственным Спасителем, и познаете истинную любовь Бога.

### Мера веры

Какая обитель и какие венцы и награды приготовлены для вас на Небесах? Эта книга содержит в себе мудрость и наставления, необходимые для того, чтобы измерить свою веру и взрастить ее до меры полной зрелости.

### Ад

Серьезное послание к человечеству от Бога, Который не желает, чтобы даже одна душа оказалась в пучине ада! Вы откроете для себя доселе не известные подробности жестокой реальности Нижней могилы и ада.

www.urimbooks.com

www.ingramcontent.com/pod-product-compliance
Lightning Source LLC
LaVergne TN
LVHW051957060526
838201LV00059B/3689